L'ORPHELINAT CATHOLIQUE DE BETHLÉEM

ET LA RÉGÉNÉRATION DE

LA TERRE SAINTE

par la charité et par l'instruction

DE LA JEUNESSE SYRIENNE

DEUXIÈME ÉDITION

L'ORPHELINAT CATHOLIQUE DE BETHLÉEM

ET LA RÉGÉNÉRATION DE

LA TERRE SAINTE

PAR LA CHARITÉ ET PAR L'INSTRUCTION

DE LA JEUNESSE SYRIENNE

DISCOURS

Du Marquis de SCHEDONI

AUX

MEMBRES DU TROISIÈME CONGRÈS CATHOLIQUE ITALIEN

RÉUNIS A BOLOGNE EN OCTOBRE 1876

Traduction d'un Correspondant de l'*Univers*.

Préface de l'abbé E. GUERS

Chanoine honoraire, docteur en théologie et en droit

DEUXIÈME ÉDITION

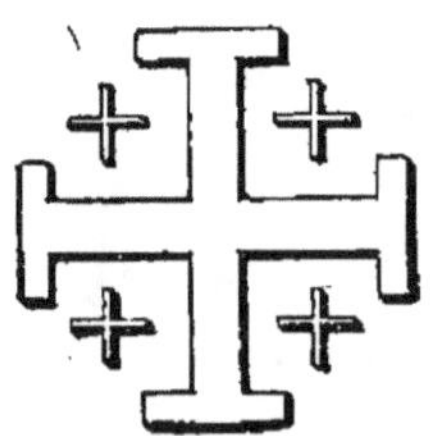

PARIS-AUTEUIL

IMPRIMERIE DES APPRENTIS CATHOLIQUES. — ROUSSEL

40, rue La Fontaine, 40

1877

*Pendant l'impression de ce petit opuscule, le bul-
letin mensuel de l'ŒUVRE DE BETHLÉEM nous
tombe sous les yeux, et nous y lisons :*

Affreuse misère. — La Terre-Sainte souffre cruellement
de la guerre turco-russe. Une lettre du 23 août que nous avons
reçue de Bethléem, nous peint l'extrême misère qui y règne.
Nous en donnons ici un extrait. Cette lecture ne pourra qu'exci-
ter la charité des fidèles. « Tout le monde ici est bien fatigué
de cette crise terrible que nous traversons. Les nouvelles de la
guerre turco-russe sont toujours vagues et contradictoires, et
nous vivons dans une bien pénible appréhension au sujet de son
issue. Le blé devient cher ; le travail diminue ; la confiance
manque, et la misère augmente chaque jour. Nous avons conti-
nuellement des pauvres à la porte de l'Orphelinat de Bethléem ;
les larmes aux yeux, ils demandent de quoi manger. Nous
partageons autant que possible notre pain ; mais bien des fois,
nous avons la peine de ne pouvoir satisfaire même à des besoins
très-graves. Il va sans dire qu'à mesure que la misère augmente, les demandes et les instances des enfants délaissés se
multiplient auprès de nous. Ils nous supplient très-instamment
d'être admis dans notre établissement. Malheureusement, nos
ressources diminuent beaucoup, et nous sommes par là forcés de
rester sourds à leurs émouvantes supplications. Priez, priez,
mon cher ami, afin que la Providence vienne au secours de
tant de malheureux. »

Le Traducteur.

Pour l'envoi des offrandes, voir à la page 20.)

PRÉFACE

Aux premiers jours au printemps de 1872, trois pèlerins catho-
tholiques, après avoir traversé la mer Noire et le Bosphore,
s'embarquaient à Constantinople pour la Terre-Sainte, à bord du
navire du Lloyd l'*Austria*. Sur une barque légère, ils avaient
traversé la Corne-d'Or pour entrer dans l'admirable port de Byzance, tout enveloppé encore des brumes épaisses du matin. L'œil
avide des voyageurs ne distinguait plus sur les coteaux d'Europe
et d'Asie ces beautés de la nature qui n'ont rien à envier à celles
de Naples, ni ces palais enchantés, ni cette incomparable basi-
lique de Sainte-Sophie, autrefois tapissée de lames d'or et d'argent incrustées de pierres précieuses, ni ces mosquées aux
minarets aériens, ni toutes ces splendeurs monumentales qui ont
créé, depuis Constantin, au pied de ces sept collines, une
seconde ville éternelle!

Les accueillant avec la plus gracieuse bienveillance, le capitaine
leur montrait une foule compacte couvrant tout le pont, age-
nouillée autour de deux cloches aux dimensions colossales.
« Qu'est-ce donc? » lui demandèrent-ils avec anxiété. — « C'est
la Russie schismatique qui va sonner le tocsin en Orient! »

En effet, tous ces pèlerins étaient Russes; et nous les vîmes,
quelques jours après, à travers les riches plaines de Saron
(20 lieues de long sur 8 de large), dans les défilés d'El Koubale
et jusque sur les montagnes de Juda couvertes de ruines,

trainer. tous à bras, sur un chariot patriarcal formé de quelques poutres, ces bronzes sacrés qui venaient, au nom du Czar de toutes les Russies, sonner à Jérusalem l'heure de leurs ambitieuses espérances. Quant à nos amis les Turcs (comme on les appelle dans le *Monde moderne* et dans la *Correspondance d'Allemagne* du fameux comte de Bréda), ils laissaient passer sous leur regard indolent et sombre ces trophées de leur impuissance. C'était le bouledogue d'Asie surpris par le tigre du Nord, le féroce Tamerlan épiant Bajazet avant son affreuse victoire d'Ancyre (1402) !..

Depuis lors, les événements ont marché et vérifié la prédiction clairvoyante de notre capitaine. L'Angleterre, désireuse de donner le change, a publié les livres officieux du consul général Barker *(Syria and Egypt under the last five Sultans of Turkey.* Londres, 1876) d'après lesquels tout serait encore pour le mieux sous l'empire du Croissant. Bien que d'ordinaire la fière Albion se contente de démonstrations verbales, elle a cependant fait une apparition de parade dans les eaux de Stamboul. Le vieux prince Gortschakoff n'en passe pas moins dans tous les cabinets européens pour un fin renard, qui veut, après les prouesses du loup de Varzin, faire ses preuves... et qui les fera.

Quel sera le sort des catholiques en Orient, au sein de ces conflits? La sainte Eglise n'aura-t-elle pas à y endurer une persécution encore plus terrible que celle d'Allemagne, se trouvant là-bas à la merci du Croissant et du Knout?.. Celui qui protége l'humble brin d'herbe contre la tempête ne saurait oublier son infaillible promesse : *Je suis avec vous jusqu'à la consommation des siècles.* Mais le devoir des catholiques européens, et des Français en particulier, reste clairement tracé. L'un des plus vaillants champions de toutes les saintes causes en Italie et en France nous l'indique dans les pages éloquentes qu'on va lire. Le discours de M. le marquis de Schedoni (1) aurait fait tressaillir

(1) M. le marquis de Schedoni, 121, boulevard Haussmann, à Paris, peut donner, en sa qualité de Représentant de la Terre-Sainte en France, les renseignements les plus complets sur les œuvres du Patriarcat latin de Jérusalem, et sur l'Ordre du Saint-Sépulcre, dont le Patriarche est le Grand Maître, spécialement délégué par le Saint-Père.

E. G.

sa patrie, même au temps des Crescentius. Nos libérâtres contemporains l'ont banni avec le congrès catholique de Bologne ! Mieux que notre faible parole, de tels accents seront compris par toutes les intelligences d'élite et exaucés par tous les cœurs généreux.

L'Abbé E. Guers.

Agen, 1er janvier 1877.

AUX MEMBRES DU CONGRÈS

Frères bien chers,

La tempête des passions humaines déchaînée sur notre troisième réunion solennelle, nous a chassés de la *docte* Bologne, où il ne reste plus qu'une triste parodie de la *liberté* antique (1) ; de cette liberté vraie, qui fonde et ne détruit pas.

N'ayant donc pu vous entretenir de la Terre-Sainte et des moyens de la régénérer par la charité et l'instruction, permettez-moi de me rendre à l'invitation publique que nous a faite notre digne président de poursuivre nos travaux par correspondance, et veuillez accueillir ces quelques observations sur l'état des Saints Lieux et sur les efforts que nous devons entreprendre pour les racheter.

J. de SCHEDONI.

(1) L'écusson de la ville de Bologne porte au centre le mot célèbre LIBERTAS.

(Note du Traducteur.)

Eminence (1),

Très-Révérends Prélats,

Messieurs,

En l'an 1187 disparut l'Œuvre chrétienne par excellence qu'avaient créée la valeur et l'abnégation des Croisés d'Italie, de France, de Belgique, d'Angleterre et d'autres contrées de l'Europe. L'héroïsme d'un Tancrède, les vertus d'un Godefroy de Bouillon et d'un Baudouin ne purent conserver le royaume latin de Jérusalem ; les hordes féroces de Saladin foulèrent de nouveau la terre baignée du sang de Jésus-Christ, et s'y établirent en dépit des efforts inouïs de la troisième Croisade et des cinq autres qui suivirent, et dont la dernière fut témoin de l'édifiante mort du saint roi Louis IX.

Or, quand je songe à ces choses, dont l'état s'est prolongé jusqu'à nos jours, je ne puis m'empêcher de gémir profondément ; je le ressens plus vivement encore si je considère comment, à cette heure, nous avons, nous catholiques, moins à craindre de l'Ottoman pour cette contrée bénie où le Christ naquit, souffrit et fut enseveli, que des chrétiens rebelles au pouvoir des saintes clefs et devenus schismatiques ou protestants.

(1) L'Eminentissime Cardinal Morichini, Archevêque de Bologne. Il y avait plusieurs évêques du nord de l'Italie et des Romagnes ainsi que des prélats' parmi lesquels notre très-regretté Mgr Nardi, qui devait entretenir le congrès des œuvres catholiques de France, d'Angleterre et d'Allemagne. (*Note du Traducteur.*)

De telle sorte que, par l'inertie coupable des nations catholiques et par la fourberie pleine d'activité des hétérodoxes,
le tombeau de Notre-Seigneur nous est devenu presque inaccessible et le serait peut-être absolument sans le courage
indomptable de l'Ordre Séraphique, qui a su en conserver la
garde au milieu des plus grandes difficultés. Châtiment sévère, mais juste, que nous devons attribuer à une tiédeur, à
une indifférence dont nos adversaires sont surpris ; car ni
le grec schismatique, ni l'anglican, ni le calviniste, ni le
luthérien, ni même le musulman n'ont à se faire un tel reproche !

Et, à cette heure, en présence des événements rapides qui
font craindre en Orient pour l'avenir de l'Eglise catholique,
persécutée de toutes parts en Occident ; à cette heure où le
vicaire de Jésus-Christ, bien qu'accablé et captif, lutte intrépidement contre les assauts des passions impies, décidées
à en finir avec le catholicisme, ne sentirons-nous pas se
réveiller en nous l'ardeur de la foi et les sentiments d'abnégation qui furent et demeureront à jamais la gloire de nos
aïeux du moyen âge ?....

Devrai-je répéter après Guillaume de Tyr :

« Eh quoi ! le sang de Naboth et d'Abel, qui émut
le ciel, trouva des vengeurs, et le sang très-précieux
de Jésus-Christ crierait en vain contre ses ennemis et ses
bourreaux ! Avons-nous oublié ce que firent nos pères ? Ils
fondèrent un royaume chrétien au milieu de la nation musulmane ! Une troupe de héros et princes, nés parmi nous,
allèrent défendre et gouverner ce royaume ; nous avons
laissé périr leur œuvre glorieuse, et nous n'entreprendrons rien pour délivrer leurs tombes ! Quelle sera la joie
des infidèles et des hérétiques, au comble de leur orgueil,
en voyant chez les catholiques la foi et l'enthousiasme des

anciens jours s'éteindre et faire place à l'indifférence pour les calamités de la Jérusalem moderne !....»

Non, messieurs, je ne le crois pas. Comme moi, vous êtes émus et votre cœur catholique palpite à la seule pensée de la Passion de Jésus-Christ profanée aux lieux mêmes où elle fut accomplie. On ne doit point s'étonner si l'ardeur de la foi et le désir de la défendre demeurent fortement en nous ; ne sommes-nous pas tous disciples de ce magnanime Vincent de Paul qui prenait les chaines du forçat repentant et converti et savait remplacer auprès des enfants trouvés les pères dénaturés qui les avaient abandonnés et reniés, en un mot devenir le père aimant de ces enfants, les rassembler, les nourrir, les élever.

Mais je ne viens point vous parler d'armes et de combats. La croisade à laquelle je vous appelle est toute pacifique.

La politique, le sang, les périls et les calamités de la guerre sont loin de ma pensée ; je ne veux que vous entretenir de la régénération de la Terre-Sainte par les voies de la charité et de l'éducation de la jeunesse de Syrie.

Si l'évangéliste Mathieu écrivait : *Et toi, Bethléem, des cités de Juda, tu n'es pas la moindre ; car c'est de toi que sortira le chef qui doit régir mon peuple d'Israël ;* pourquoi ne nous serait-il pas donné de tirer de Bethléem même l'élément d'une telle régénération ?

Le grain a été jeté. Il a germé. Il dépend de nous que la plante s'élève et donne des fruits.

Ecoutez !

Appelés en Palestine par le Seigneur, pour aider le nouveau Patriarche latin de Jérusalem, rétabli en 1847, après cinq siècles et demi de vacance, par le grand Pape Pie IX, deux humbles prêtres italiens rencontrèrent sur la route, proche de Bethléem, quelques petits enfants, les uns orphelins par le choléra, les autres abandonnés. Ils les recueillirent et pourvurent à leur entretien. Dans ses moments de liberté, l'un des deux prêtres leur apprenait même le catéchisme et les enseignait.

Or, de cet acte de charité, si modeste et si spontané, devait sortir une œuvre qui sera, je l'espère, le germe d'un des plus grands bienfaits de la catholicité.

En peu de temps, d'autres enfants se présentèrent, implorant un asile et des secours. Les deux prêtres, M. le chanoine Antoine Belloni, professeur au séminaire patriarcal de Jérusalem, et M. l'abbé don Vincent Bracco, sentirent la néceseité d'un institut au profit de ces petits infortunés. Le chanoine Belloni se consacra aussitôt entièrement à eux; mais M. l'abbé Bracco dut s'en détacher, parce que le Souverain Pontife, le préconisant évêque de Magida *in partibus infidelium*, le nomma auxiliaire du patriarche Valerga, auquel il succéda en 1873.

Ai-je besoin de dire ici les mérites et les vertus apostoliques de Mgr Valerga, les regrets que sa mort a laissés dans le cœur de tous, même des musulmans? Il est passé du siége patriarcal de l'apôtre saint Jacques au trône céleste que Dieu lui avait réservé. Que du haut de ce trône, il veille sur la Terre-Sainte qu'il a tant aimée !

Le chanoine Belloni estima que Bethléem, avec son sanctuaire de la Crèche où naquit notre divin Sauveur, était le lieu le plus favorable à la fondation d'un établissement destiné à élever chrétiennement les enfants abandonnés ou nés de parents très-pauvres, et à leur donner un métier lucratif.

L'Œuvre entreprise sous d'humbles auspices, c'est-à-dire avec très-peu de ressources pécuniaires, grandit peu à peu. Grâce à la générosité d'un riche seigneur anglais converti (1), un vaste terrain fut acheté dans une des positions les plus favorables de la Judée. On y a institué un établissement agricole et une école professionnelle, où les enfants de l'Orphelinat recevront l'instruction la plus profitable et la plus morale, conforme en outre aux coutumes des populations orientales.

En présence d'une telle institution, dont la Providence marquait si visiblement le but et les progrès, les musulmans eux-mêmes furent remplis d'admiration ; car, il faut bien l'avouer, tout fanatiques qu'ils sont, ces musulmans ne laissent pas de professer généralement un grand respect pour les croyances religieuses, et de rendre hommage à nos missionnaires et à nos moines italiens et français qui répandent tant de bienfaits dans leur pays ; en sorte que, des diverses parties de la Palestine et même de contrées plus éloignées,les parents accoururent, conduisant en grand nombre leurs enfants. Mais c'est ici que le chanoine Belloni, réduit à l'impuissance, éprouve une douleur bien cruelle pour l'âme d'un Vincent de Paul. Les Arabes l'ont surnommé *Père des orphelins,* et lui ne peut, faute d'argent et d'habitation, recevoir ces petits malheureux : il est contraint d'en rendre une partie à leurs familles.

Ce résultat véritablement merveilleux, frappa les Turcs d'étonnement; mais il servit d'exemple aux schismatiques, aux protestants surtout, qui, dans leur envie, comprirent que le meilleur moyen de se faire accepter, était d'attirer la jeunesse pour l'élever dans leurs croyances et dans leurs idées.

Ils n'hésitèrent pas longtemps et se mirent à l'œuvre les uns et les autres. Sans effort, « l'argent ne leur manquant pas, » ils construisirent des édifices et ouvrirent des écoles

(1) M. le marquis de Bute *(Note du Traducteur.)*

pour y attirer, le plus possible, les enfants et en faire un jour des Russes et des Allemands. Plus riches encore, les anglicans rivalisèrent de zèle.

Chacune de ces nations anticatholiques donna à son œuvre, ce qui est le propre des passions humaines, un caractère purement terrestre, où l'élément divin est absent. Aussi ces entreprises schismatiques, protestantes et anglicanes ne possèdent-elles pas l'esprit évangélique, qui fait la force de l'établissement catholique de Bethléem. Les fondateurs de cet établissement ont, au contraire, obéi à l'impulsion de lenr cœur rempli d'abnégation et brûlant de cette charité qui justifie le mot de saint Paul : *Charitas Christi urget nos.*

Néanmoins, je le répète, ces diverses religions d'Etat apportent dans l'accomplissement de leur dessein, le caractère particulier de leur nationalité et de leur principe politique.

Les schismatiques sont peut-être les moins entreprenants à cette heure, parce qu'ils croient que leur triomphe est proche. Ils ont confiance dans le testament de Pierre le Grand, et ils voient dans les événements d'Orient une préparation à la conquête de Byzance par les armes moscovites.

Selon eux, l'empire d'Islam tombera dans leurs mains. Un ukase et le knout feront de la Palestine une nouvelle Pologne officiellement schismatique : c'est une affaire de temps.

Les anglicans, qui par leur sentiment religieux se rapprochent davantage de l'esprit catholique, en suivent les traces; s'ils ne perdent pas de vue leur intérêt matériel, mobile de tout bon Anglais, ils s'attachent à revêtir leurs œuvres de cet ascétisme biblique dont ils font preuve partout, même en Italie, même dans la ville éternelle, hélas! Ils sont donc actifs, mais sans être énergiquement entreprenants.

Les protestants ou luthériens allemands nourrissent d'autres desseins plus politiques que religieux. Ils veulent créer sur le sol oriental de vrais sujets tudesques. Pour eux, le testament de Pierre le Grand n'existe pas. Ils lui substituent l'audace de Frédéric II. Sans bruit, ils envoient en Orient les émigrants. Autant ils entravent ceux qui veulent passer en Amérique, autant ils encouragent ceux qui partent pour la Palestine. Le voyage est payé ; des terrains sont offerts ; on y conduit à grands frais des filets d'eau ; on y élève des masures et on fournit pendant la première année à l'entretien des familles. Les colons allemands conservent fidèlement leur langue, élèvent leurs enfants dans les mœurs et la religion du pays natal ; ils restent inébranlablement Prussiens sur le sol oriental et ne reconnaissent d'autre maître que le sire de Hohenzollern. Bien mieux, ils partent pour l'Allemagne pour payer l'impôt du sang ; après quoi ils retournent en Palestine, afin d'y maintenir cette occupation protestante, tudesque, qui menace à la fois toutes les religions groupées autour du tombeau du Christ. A cette heure, la colonie allemande est donc la plus nombreuse et la plus prospère ! Mais cela ne suffit pas ; il faut séduire, il faut se créer des adhérents indigènes, et pour cela, rien de plus habile que de fonder des établissements grandioses, d'ériger des écoles de toute sorte et d'y appeler de jeunes enfants, que les parents consentent à prix d'or à laisser élever dans la langue, dans les mœurs et dans la religion allemandes. Ce n'est point un secret en Palestine : le nouvel empire protestant n'attend qu'une occasion. Soit par les caprices de la fortune, soit par la force des armes, il rêve de franchir ses frontières déjà agrandies, comme on franchit les murs en ruine d'une ville antique, et de porter sa domination jusqu'en Orient.

Le catholicisme et le protestantisme sont donc en présence l'un de l'autre dans la Terre-Sainte.

A qui la victoire?

« Nous ne saurions le dire, écrit un prêtre de Jérusalem, car nous ignorons le sort qui nous est réservé; mais il est hors de doute que si nous avions dans nos mains la moitié des ressources en argent dont disposent nos adversaires, nous pourrions facilement empêcher les populations chrétiennes de tomber dans le schisme et l'hérésie. »

D'autres personnes de la Judée, non moins dignes de foi, tiennent le même langage.

Si l'Œuvre de Bethléem était pourvue de sommes suffisantes, elle compterait à cette heure mille élèves, tandis qu'elle est réduite à n'en avoir guère plus de soixante. Les enfants qui viennent frapper aux portes de l'Orphelinat insistent, hélas! en vain. Il est impossible de les recevoir, et les établissements protestants ne tardent pas à s'en emparer.

Ecoutez les plaintes qui s'échappaient, il y a peu de mois, du cœur de l'excellent chanoine Belloni.

« Une pauvre veuve, aveugle, qui habite Beyrouth, ayant su qu'il existait un Orphelinat à Bethléem, m'a fait demander par le secrétaire du Patriarcat latin de Jérusalem, de m'envoyer son fils, afin que celui-ci puisse devenir plus tard son soutien. J'ai dû répondre au secrétaire que d'autres enfants attendaient leur tour pour entrer dans l'établissement, et que je ne pouvais, à mon grand regret, prendre pour le moment en considération la demande de cette pauvre femme. Sur cette réponse, la malheureuse n'écoutant que son désespoir, s'embarque pour Jaffa et de là se rend à Jérusalem chez le secrétaire du Patriarche et le conjure, tout en larmes, de lui venir en aide pour faire admettre l'enfant à l'Orphelinat. En vain le secrétaire s'efforce de la persuader. Elle n'entend pas raison et dit qu'elle partira lui laissant son fils. Que faire ? Je me montre inflexible : nos maisons sont trop étroites ; j'ai déjà donné ma parole à d'autres. Après un refus si péremptoire, qui ne se serait découragé, tout en maudissant ma dureté peut-être ? Mais la pauvre aveugle persiste. Elle m'attend avec son fils, sur la porte du Patriarcat, et, au moment où j'en franchis le seuil, elle se jette à terre et me barre le passage. Je ne puis résister à un tel spectacle, et je finis par dire à la bonne mère de me laisser son fils, que, tout ému, j'ai pris par la main et amené à Bethléem. »

Est-il besoin d'un commentaire en présence d'un fait si sublime, qui nous reporte aux plus beaux temps de l'antiquité classique

Quand on considère que l'Ottoman et le Syrien tiennent de la nature ce sens propre à l'Oriental qui les pousse à l'admiration du beau et du grand, quand on considère qu'ils sont du tempérament des poëtes, on comprend facilement que la raideur de l'anglican, la pédanterie du calviniste et du luthérien, le formalisme pesant du Moscovite ont peu de prise sur leur âme, comparés surtout à la simplicité et à la tendresse vraiement chrétiennes et évangéliques du catholique italien et français. En effet, *Franc* est pour eux synonime de *chrétien catholique* : dites-vous tel ; cela suffit ; aussitôt leur visage et leur attitude témoigent le respect.

Ainsi le souvenir des forces du catholicisme en Terre-Sainte, qu'un saint Louis roi de France et un Godefroy de Bouillon ont sanctifié et glorifié, exerce encore une vive influence morale dans ces contrées ; influence rajeunie par les événements politiques et sociaux qui ensanglantèrent et rendirent si tristement mémorable la fin du xviiie siècle. En effet, la divine Providence voulut que les armées françaises occupassent la Palestine, et que leur Général en chef, Napoléon Bonaparte, pourvu de ce don si rare de Dieu qu'on appelle le génie, y accomplit des actes très-louables de valeur militaire et civile.

Il fallait donc profiter de ces avantages pour opposer une digue à l'invasion croissante des fausses doctrines des adversaires du catholicisme, qui menacent l'existence de la vraie foi au lieu même où elle prit naissance, au lieu qui garde les monuments les plus vénérables et les plus précieux de notre rédemption.

L'Œuvre modeste de l'Orphelinat de Bethléem est apparue comme le remède le plus efficace à de si grands maux.

La conversion et l'instruction de la jeunesse syrienne est le seul moyen qui nous soit offert de former de bons catholiques, d'honnêtes ouvriers, de sages citoyens, auxquels le nom de la patrie et la devise du Christ inspireront des actes d'héroïsme et d'abnégation chrétienne.

Quel mobile plus élevé, quelle émulation meilleure pour ces indigènes d'être appelés les compatriotes de Jésus ; d'être instruits dans sa religion, là où il a scellé sa doctrine de son sang très-précieux ; d'apprendre un métier, là où il daigna travailler humblement avec Joseph ; d'être encouragés à aimer et à souffrir, là où il aima tant et souffrit la mort sur la croix pour racheter le genre humain !

Telles ont été les raisons principales qui ont déterminé le digne et vénérable Patriarche de Jérusalem, Mgr Bracco, à appeler les Frères des Ecoles chrétiennes en aide au zélé Fondateur et Directeur de l'Orphelinat de Bethléem.

Cet appel a été aussitôt non-seulement approuvé par le Saint-Père, mais Sa Sainteté a en outre exprimé le désir de voir promptement établis en Palestine les disciples du vénérable de la Salle.

Trop pauvres pour satisfaire complétement ce noble désir, les Frères des Ecoles chrétiennes, bien que peu nombreux et surchargés de travaux, ont cependant voulu prouver l'empressement de leur soumission à la volonté du Souverain Pontife en se déclarant prêts à seconder de tout leur pouvoir le Patriarche et le directeur de l'Orphelinat ; et, en effet, ils s'apprêtent à fonder de suite une maison provinciale à Jérusalem et une succursale à Bethléem, sans autre ressource que des terrains et quelques màtériaux offerts par le Patriarcat et l'Orphelinat, trop pauvres eux-mêmes pour pouvoir fournir rien de plus.

Il y a mieux. Comme si la Providence voulait que cet acte de la volonté divine fût plus notoire et plus efficace, elle a inspiré au Général de l'Ordre Séraphique, depuis tant de siècles gardien du Saint-Sépulcre et des principaux monuments de la Palestine, la pensée de proposer aux Frères le soin de toutes les écoles d'enfants que la charité des bons Pères franciscains avait ouvertes jusqu'à ce jour en Terre-Sainte. La proposition a été acceptée avec joie par les Frères.

En conséquence, des stipulations solennelles ont été convenues entre le Patriarche, le Général des Mineurs Observants et le Supérieur des Frères des Ecoles chrétiennes ; stipulations approuvées le 4 septembre dernier par le Souverain Pontife et par l'Eminentissime Cardinal Préfet de la Propagande, et signifiées pour l'exécution aux vénérables parties contractantes.

Maintenant, c'est à nous catholiques qu'il appartient de faire le reste, c'est-à-dire de faciliter cette exécution (1).

Si tant d'hommes, tant de familles, tant de nations et les

____

(1) Nous avons reçu de source certaine la consolante nouvelle que les Frères des Ecoles chrétiennes étaient déjà en Terre-Sainte et y jetaient les fondations de leur établissement. (*Note du Traducteur.*)

siècles passés même, ont tiré leur renommée des grands faits d'armes, du sang versé et de l'héroïsme des Croisades, quelle gloire ne tirerons-nous pas, nous, nos familles et nos cités, en accomplissant dans le calme, dans la douceur, dans la charité et dans le dévouement des œuvres durables et saintes, que nos aïeux n'ont pu fonder malgré leurs efforts, admirables, sans doute, mais accompagnés de troubles et de combats !

Non ! mes accents ne seront pas une vaine déclamation. Bologne, tu fus le berceau des soldats qui, à Constance et à Legnano, comme à Lépante et à Saint-Jean d'Acre, portèrent haut l'étendard de la Croix et de la liberté, repoussant partout l'orgueil du César tudesque ou la férocité du Sarrasin ; Bologne, tu comptes dans ton sein, parmi tes familles antiques et illustres, la race des Ghislieri, d'où sortit saint Pie V dont la voix fit pâlir et trembler le croissant ; Bologne, tu as versé tant de trésors de science dans les intelligences de tant d'hommes de nations diverses que l'on t'a surnommée la *Savante* ; tes murs répéteront l'écho de mes paroles aux cœurs des descendants de tels citoyens qui, unis à nos frères de l'Etrurie, sont assemblés ici.

Ah ! que l'obéissance d'un Abraham, la résignation d'un Isaac, la constance d'un Josué, l'espérance d'un David, la sagesse d'un Salomon, l'enthousiasme d'un Pierre l'Ermite, l'héroïsme d'un Louis roi de France, les vertus d'un Godefroy, l'apostolat d'un Guillaume de Tyr et la volonté d'un Pie V fassent descendre dans nos âmes les vertus qui les animèrent, afin que nous puissions obtenir la délivrance du Saint-Sépulcre et la régénération de la Terre-Sainte par la charité et par l'instruction de la jeunesse syrienne !

APPENDICE

Extrait du règlement de l'Œuvre de la Sainte-Famille en Terre Sainte.

Art. 1. — L'Œuvre de la Sainte-Famille, fondée en 1863 et approuvée par Mgr Valerga, patriarche de Jérusalem, par décret du 23 janvier 1864, a pour but de ramener la Terre-Sainte à l'unité catholique par l'éducation de l'enfance et de la jeunesse, et d'arracher les jeunes générations de ce pays, dépourvues de toute ressource, à la misère et à la propagande si active du protestantisme et du schisme.

Art. 2. — Le but si éminemment chrétien de l'Œuvre a reçu un commencement d'exécution : 1º par la fondation d'un Orphelinat pour les garçons dans la ville de Bethléem ; 2º par un patronage ouvert, les dimanches et fêtes, aux jeunes gens de Bethléem ; 3º par la création d'une école d'agriculture à la maison de Saint-Joseph.

Art. 3. — L'Œuvre est placée sous la protection de l'Enfant Jésus, de la sainte Vierge et de saint Joseph.

Art. 4. — Les Membres sont invités à réciter tous les jours un *Pater* et un *Ave* avec la prière jaculatoire : *Jésus, Marie, Joseph, aidez-nous.* On peut appliquer à cette fin ses prières habituelles.

Art. 5. — On est membre de l'Œuvre en donnant, chaque année, pour l'amour de l'Enfant Jésus, une aumône d'au moins *un* franc.

Art. 6. — Les personnes qui désireraient venir en aide à l'Œuvre d'une manière spéciale, pourront être Membres protecteurs par une souscription annuelle de 20 francs.

Art. 7. — Les enfants et les jeunes gens jusqu'à l'âge de 20 ans, à qui spécialement est recommandée cette Œuvre, seront associés en donnant, chaque année, pour l'amour de l'Enfant Jésus la petite aumône de 25 centimes.

Art. 8. — Les Membres de l'Œuvre auront part à toutes les prières des enfants patronnés par l'Œuvre, et à une messe qui sera célébrée tous les mois sur l'autel de la Crèche de Notre-Seigneur Jésus-Christ ou dans l'église de Bethléem (1).

Art. 9. — Le jour de Noël, grande fête de l'Œuvre, une messe spéciale sera célébrée sur l'autel de la Crèche de Notre-Seigneur pour les enfants membres ; les élèves de l'Orphelinat recevront la sainte communion à la même intention.

Art. 10. — Les membres des Comités, les correspondants, les Dames zélatrices et les Membres protecteurs, auront droit, à leur mort, à une Messe de *Requiem* et à un *De profundis* récité par les enfants de l'Orphelinat pendant quinze jours.

Aat. 11. — Un rapport sur l'état de l'Œuvre sera publié chaque année. Ce rapport contiendra, en outre, toutes les nouvelles de Terre Sainte qui peuvent intéresser les cœurs catholiques.

———

Les offrandes sont adressées ou déposées :

Pour la FRANCE, au Secrétariat des Ecoles d'Orient, rue du Regard 12, à Paris, avec indication expresse de l'Orphelinat de Bethléem ;

Pour la BELGIQUE, au Secrétariat de la Société de Saint-Charles Borromée, rue du Curé Notre-Dame 7, à Tournay ;

Pour l'ITALIE, au Secrétariat archiépiscopal de Modène, via Maraldo 12, Modène.

---

(1) Les élèves de l'Orphelinat récitent, chaque jour, le chapelet pour leurs bienfaiteurs et leurs intentions, excepté le dimanche et les fêtes ; ils assistent, ces jours-là, à un salut chanté aux mêmes fins.

Bref de Sa Sainteté Pie IX
à M. le chanoine Belloni, directeur de l'orphelinat.

« Cher Fils, salut et bénédiction apostolique.

« Notre divin Maître, cher Fils, a comparé son Eglise à la graine du senevé ; celle-ci est la plus petite des semences ; mais, fécondée par l'humidité et la chaleur de la terre, elle surpasse en grandeur toutes les autres plantes jusqu'à devenir un arbre. Tels furent, en effet, les commencements de l'Église, et les différents peuples ne parvinrent pas à la connaissance de la religion du Christ par une autre voie ; quoique, de tous côtés, les pouvoirs du monde, ses violences, ses richesses, ses haines, ses passions, sa fausse sagesse, semblassent y mettre obstacle. Nous déplorons avec vous que les hétérodoxes ourdissent tant de machinations dans votre pays et usent si largement de la puissance de l'argent pour jeter les âmes dans l'erreur ; mais Nous sommes persuadé que leurs efforts resteront stériles et que la petite semence que Dieu jette sur cette terre, par vos soins, par cet Orphelinat catholique, prendra de l'accroissement. Rien n'est plus efficace pour éloigner les obstacles et étendre la religion que le secours de la Mère de Dieu : elle renverse les hérésies ; elle est la Reine de l'Eglise et elle forme les apôtres. Nous Nous réjouissons donc en vous voyant faire pénétrer dans l'âme de ces enfants une grande dévotion envers la bienheureuse Vierge et les porter, dès l'âge le plus tendre, à implorer son très-puissant secours pour l'Eglise. » Pie IX accorde ensuite, à l'occasion d'un triduum, des indulgences aux élèves et aux fidèles qui y assisteront, et il termine ainsi : « Vous plantez et vous arrosez ; puisse Dieu vous être favorable et donner de l'accroissement à vos saintes œuvres ! Nous vous souhaitons le secours de ses grâces abondantes ; et, comme présage de sa protection, comme gage de Notre bienveillance paternelle, Nous vous donnons très-affectueusement, cher Fils, ainsi

qu'à tous les élèves de l'Orphelinat, la bénédiction apostolique. »

« Donné à Rome, près de Saint-Pierre,
le 13 juillet 1873,
vingt–huitième année de Notre Pontificat.

« PIE IX, PAPE.

« A Notre cher Fils ANTONIO BELLONI, chanoine honoraire du Saint-Sépulcre et recteur de l'Orphelinat catholique
de Bethléem. »

(*Traduction du latin.*)

———

**Lettre de la sacrée congrégation de la Propagande en
faveur de M. le chanoine Belloni, directeur de l'Orphelinat, et de son Œuvre.**

« Alexandre Franchi, cardinal prêtre de la sainte Eglise
Romaine, du titre de Sainte-Marie au-delà du Tibre, et
Préfet de la sacrée congrégation de la Propagande.

« Nous attestons, bien volontiers, que M. Antoine Belloni,
prêtre du patriarcat de Jérusalem, recommandable par sa
prudence sa probité et sa science, dont il a donné des preuves convenables à la sacrée congrégation de la Propagande, est digne d'une entière confiance. Il a érigé depuis
quelques années dans la ville de Bethléem, avec l'approbation du Révérend Patriarche de Jérusalem, un Orphelinat
pour y recueillir les enfants qui, privés de leurs parents,
pauvres et couverts de haillons, errent çà et là au milieu des
Turcs et des hétérodoxes, au grand péril de perdre la foi;
ils sont élevés à l'Orphelinat dans la véritable religion
et y apprennent un métier. Nous recommandons dans le
Seigneur cet Orphelinat de tout notre **pouvoir et à tous, vu**

les bons résultats obtenus jusqu'ici, comme nous l'avons appris, et ceux plus importants encore que l'on obtiendrait, nous l'espérons, si l'on pouvait développer cette Œuvre, de manière à former aussi les jeunes gens aux travaux de l'a griculture (1). C'est pourquoi nous tenons pour certain que tous ceux qui voudront aider ce prêtre dans la réalisation de son projet, par les actes de charité en leur pouvoir, feront une action agréable à Dieu.

« Donné à Rome, au siége de la Propagande, le 23 septembre 1874.

« ALEXANDRE, Card. FRANCHI, Préfet.
« JEAN SIMEONI, Secrétaire.

(Traduction du latin.)

(1) On sait que le vœu émis par Son Eminence de voir occuper les enfants pauvres à la culture de la terre, a reçu un commencement d'exécution par la création d'une école d'agriculture à Betgema. — M. le Directeur espère pouvoir donner un plus grand développement à cette école en 1877 ; il a la confiance que la Providence viendra à son aide.

Lettre de Recommandation de Son Exc. le Patriarche latin de Jérusalem.

« Vincent Bracco, par la miséricorde de Dieu et par la grâce du Saint-Siége apostolique, Patriarche de Jérusalem, Grand Maître de l'Ordre du Saint-Sépulcre, etc.

« A tous ceux et à chacun qui lirait la présente lettre Nous affirmons et attestons que M. Antoine Belloni, chanoine de Notre église cathédrale, a érigé un pieux Orphelinat, dans la ville de Bethléem, du consentement et avec l'approbation de Notre Prédécesseur, et qu'il dirige cette maison de manière à procurer l'extension de la religion catholique et le salut des âmes. Désirant soutenir et agrandir son Œuvre, il se propose de visiter une certaine partie de l'Europe pour y recueillir les aumônes des fidèles et autres secours de la charité ; Nous le recommandons donc, dans le Seigneur, à tous ceux qui pourront lui venir en aide de quelque manière que ce soit. »

« Donné à Jérusalem, dans Notre demeure patriarcale, le 25 août 1874.

« † VINCENT, Patriarche.

« CODERC, Secrétaire. »

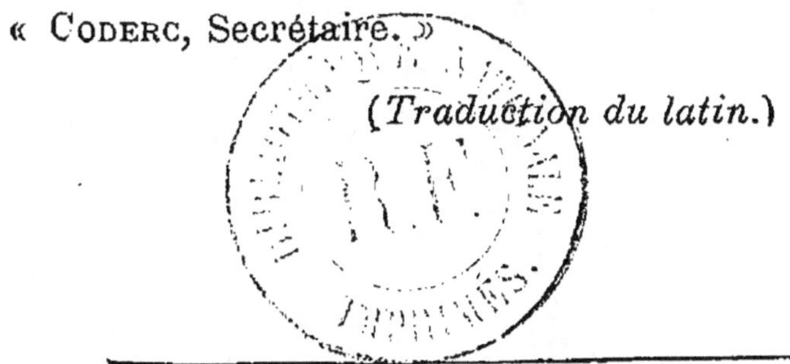

(Traduction du latin.)

Paris-Auteuil. — Imp. des Apprentis catholiques, 40, Rue La Fontaine. — Rousset.
— SEPTEMBRE 1877. —